Die Erfindung des Geldes

Der Wert der Arbeitskraft

Eine Betrachtung

von

Lutz Spilker

DIE ERFINDUNG DES GELDES – DER WERT, DER ARBEITSKRAFT

Bibliografische Information der Deutschen Nationalbibliothek:
Die Deutsche Nationalbibliothek verzeichnet diese Publikation in der Deutschen Nationalbibliografie; detaillierte bibliografische Daten sind im Internet über http://dnb.dnb.de abrufbar.

Softcover ISBN: 978-3-384-20514-8
Ebook ISBN: 978-3-384-20515-5

Druck und Distribution im Auftrag des Autors:
tredition GmbH, An der Strusbek 10, 22926 Ahrensburg, Germany

Die im Buch verwendeten Grafiken entsprechen den
Nutzungsbestimmungen der Creative-Commons-Lizenzen (CC).

Inhalt

Geld ist nichts.
Aber viel Geld, das ist etwas anderes.

George Bernard Shaw

(* 26. Juli 1856 in Dublin, Irland; † 2. November 1950 in Ayot Saint Lawrence, England), war ein irischer Dramatiker, Politiker, Satiriker, Musikkritiker und Pazifist.

Vorwort

Geld. Das hat ganz bestimmt etwas mit komplizierten Vorgängen von Finanzen, mit internationalen Transaktionen, mit Aktien und mit der Börse zu tun … wahrscheinlich schon, aber nicht in diesem Buch.

Geld ist ein Zahlungsmittel, das heutzutage nicht mehr wegzudenken ist … aber das war nicht immer so. Viel länger war die Zeit ohne Geld, also der Zeitraum, in dem es noch gar kein Geld gab.

Damals wurde getauscht oder die eigene Arbeitskraft zur Verfügung gestellt. Geld existierte noch nicht und viele Waren benötigten ein gleichwertiges Maß, welche denselben Wert darstellt.

Die meisten der fälschlicherweise als Sklave bezeichneten Arbeiter, welche bspw. am Bau der Pyramiden in Ägypten beteiligt waren, taten es, um ihre Schulden abzuleisten, zumal sie bei irgendjemandem in der Verantwortung standen (→ *Schuldknechtschaft*). Auf diese Weise konnten sie ihre Schuld begleichen.

Bis Geld als allgemein gültiges Zahlungsmittel akzeptiert wurde, dauerte es noch einige Tausend Jahre. Zu vergessen ist keinesfalls, dass erst zu Beginn des 20. Jahrhunderts die ersten Girokonten in Deutschland eingeführt wurden.

Von einer flächendeckenden Benutzbarkeit konnte also noch keine Rede sein. Das ›Jedermannkonto‹ als Drehscheibe des privaten Finanzhaushalts lag seinerzeit noch in weiter Ferne.

Zwischen der Barauszahlung und dem Girokonto befand sich die Lohntüte mit dem Lohnstreifen … aber irgendwann nahm all das seinen Anfang.

Wäre die (heutige) Welt ohne Geld wirklich besser? Vielleicht gibt das Buch darauf eine Antwort …

Geld. Ein einfaches Wort, das eine komplexe Geschichte und eine tiefgreifende Bedeutung birgt. Seit jeher fasziniert und bewegt es die Menschen, lenkt ihre Handlungen und prägt die Gesellschaft. Doch wie kam es dazu, dass einst wertlose Objekte zu einem so mächtigen Werkzeug des Austauschs und der Macht wurden?

In dieser Neuausgabe von ›Die Erfindung des Geldes‹ nehmen wir Sie mit auf eine fesselnde Reise durch die Geschichte und die Bedeutung des Geldes. Von den frühesten Tauschgeschäften der Menschheit bis zu den komplexen Finanzsystemen der modernen Welt, erforschen wir die Entwicklung und die Auswirkungen des Geldes auf die menschliche Gesellschaft.

Doch dieses Buch ist mehr als nur eine historische Abhandlung. Es ist eine Reflexion über die menschliche Natur, über

Gier und Großzügigkeit, über Macht und Ohnmacht. Es lädt Sie ein, über Ihre eigenen Beziehungen zum Geld nachzudenken, über Ihre Werte und Prioritäten.

In einer Zeit, in der der Wert des Geldes oft mit dem Wert des Menschen gleichgesetzt wird, ist es wichtiger denn je, über seine Bedeutung und seine Grenzen nachzudenken. ›Die Erfindung des Geldes‹ lädt Sie dazu ein, diesen Gedanken nachzugehen, sich zu hinterfragen und vielleicht sogar neue Perspektiven zu gewinnen.

Wir hoffen, dass dieses Buch Sie inspiriert, herausfordert und zum Nachdenken anregt. Mögen Sie auf Ihrer Reise durch diese Seiten nicht nur Wissen erlangen, sondern auch Erkenntnis und Verständnis für die komplexe Welt des Geldes und darüber hinaus.

Wo bleibt das Geld?

Mit Weisheiten wie: ›Geld regiert die Welt‹, oder ›Geld alleine macht nicht glücklich‹ und schließlich ›Geld kann man nicht essen‹, wird der Mensch von Kindesbeinen an konfrontiert. All das mag stimmen, hat seine Berechtigung und transportiert einen Sinn.

Eines ist bekannt: Dass Geld keinen universalen Zugriff auf die Welt besitzt, was es als Kommunikationsmedium untauglich macht, doch andererseits erleichtert Geld das Zusammenspiel der Dinge ungemein. Immerhin macht Geld die Welt vergleichbar, zumindest die Dinge, welche als Ware in Erscheinung treten. Tauschware verwandelt sich wie durch Geisterhand in kaufbare Gebrauchsware und die besitzt ihren Marktpreis.

Bleiben wir beim Titel dieses Kapitels und fragen: ›Wo bleibt das Geld?‹

Es ist müßig, auf etwas zu warten, von dem noch niemand weiß, dass es irgendwann einmal existieren und sich zum hauptsächlichsten Zahlungsmittel etablieren wird … also funktionierte der Handel nach wie vor als Tausch und passierte allerorts und Tag für Tag.

Getauscht wurde alles, was dem Anderen in irgendeiner Form fehlte, was ihn ernsthaft interessierte, ihm diente oder auch weiter getauscht werden konnte. Dinge des täglichen Gebrauchs, Lebensmittel, Haus- und Nutztiere, sowie Handwerksarbeiten standen hoch im Kurs. Begehrt waren daher Fell, Salz, Schmuck und Vieh, das einerseits als Arbeitstier, wie auch als Nahrung verwendet wurden und aus deren Haut noch bis zum heutigen Tage Leder entsteht. Dazu gesellten sich auch edle Metalle.

So passierte der Tauschhandel Jahrtausende lang und so wird er noch immer dort vollführt, wo Geld bisher keinen Einzug hielt oder nicht von Bedeutung ist. In einigen Regionen dieser Welt spielt Geld keine Rolle. Gesellschaftliche Positionen oder Reputationen werden nicht an der Menge des Besitzes gemessen. In einer Gesellschaft, in der diese Dinge nicht von Rang sind, herrschen andere Prioritäten.

Es wäre mit einem ›Stockcar‹ zu vergleichen, an dem alles abgebaut wurde, was nicht direkt mit der Fahraktivität des Gefährts in Verbindung steht.

Je weiter sich der Mensch entwickelte und umso mehr Erzeugnisse bekannt wurden, desto deutlicher trat der Handel in den Vordergrund. Viele Länder besaßen Waren, die einem anderen Land fehlten und viele Regionen verfügten nicht über ausreichende Rohstoffe, um damit Handel betreiben zu können.

Es entstanden der Im- und Export

Wichtig war also die Wertigkeit. Länder, in denen kaum edle Metalle vorkamen, tauschten sie bspw. gegen Getreide, Textilien oder Früchte. Die Handelsbeziehungen wuchsen und nicht selten wurden in den Metropolen des Geschäftslebens Niederlassungen ausländischer Kaufleute errichtet.

Die Geburtsstunde des klassischen Kaufmanns

Es existierten noch keine einheitlichen Maße. Das erst im Jahre 1793 in Frankreich entwickelte metrische Maßsystem, sollte diesem Treiben ein Ende setzten.

Bis auf weniger als 5 Länder weltweit schlossen sich dieser Methode an, damit ein Meter, ein Liter oder ein Kilogramm überall gleichviel bedeutet.

Die ersten Maßeinheiten dienten vorrangig zur Messung von Getreide und hier führten die Babylonier als erste den Scheffel (→ *Scheffel*) ein. Nachdem sich der landesübergreifende Handel immer weiter ausbreitete und ein einheitlicherer Wertausgleich hergestellt werden musste, wurde gegen 3000 v. Chr. Silber als Währung eingeführt.

Münzen existierten noch immer nicht

Das Edelmetall Silber erschien in Form von Barren, Schmuck oder Draht, dessen Echtheit mittels eines Garantiestempels gewährleistet wurde. Auch seinerzeit existierten bereits Fälschungen (→ *Geldfälschung*).

Die Anfänge des Tauschhandels

In den weitläufigen Ebenen der Frühgeschichte, als die Menschheit sich erst zaghaft in kleinen Gemeinschaften organisierte, begann auch der erste zarte Austausch von Gütern. Die frühesten Formen des Handels waren einfach und unkompliziert, doch sie legten den Grundstein für das komplexe System, das wir heute als Wirtschaft kennen.

Die Geburt des Handels

In den frühesten Tagen der Menschheit, als das Überleben von der Jagd und der Sammlung abhing, begannen die Menschen, die Überschüsse ihrer Arbeit untereinander zu tauschen. Ein Jäger, der erfolgreich einen großen Beutel erlegte, konnte einen Teil seines Fleisches gegen Werkzeuge oder Kleidung eintauschen, die er selbst nicht herstellen konnte. Auf diese Weise entstand ein einfaches Tauschsystem, das den Grundstein für den Handel legte.

Die Herausforderungen des Tauschhandels

Doch schon bald stießen die Menschen auf Herausforderungen bei diesem direkten Tausch von Gütern. Die Uneinheitlichkeit der Güter, ihre begrenzte Haltbarkeit und die Schwierigkeiten bei der Bestimmung ihres Wertes erschwerten den Handel erheblich. Ein Sack Getreide mochte einen Wert haben, der von einer Region zur nächsten stark variieren konnte, und das Tauschen von großen Mengen unhandlicher Güter war mühsam und ineffizient.

Die Entwicklung von Tauschmitteln

Um diese Probleme zu lösen, begannen die Menschen, bestimmte Güter als allgemein akzeptierte Tauschmittel zu verwenden. Vieh, Getreide, Edelmetalle und sogar Muscheln wurden zu frühen Formen von Geld, da sie einen intrinsischen Wert hatten und leicht transportiert und gehandelt werden konnten. Diese Tauschmittel erleichterten den Handel erheblich und bildeten die Grundlage für die Entwicklung komplexerer Formen des Geldes in späteren Zeiten.

Die Bedeutung der Handelsrouten

Mit der Entstehung von Handelsrouten und dem Aufkommen von Marktstädten wurde der Tauschhandel zu einem wichtigen Motor für den Austausch von Gütern und Ideen. Menschen aus verschiedenen Regionen und Kulturen trafen sich, um ihre Waren zu tauschen und neue Möglichkeiten zu entdecken. Der Handel förderte den kulturellen Austausch und trug zur Entwicklung von Gesellschaften bei.

Ein Blick in die Zukunft

Die Anfänge des Tauschhandels markieren den Beginn einer langen und faszinierenden Reise durch die Geschichte des Geldes. Von einfachen Tauschgeschäften in prähistorischen Zeiten bis zu den komplexen Finanzmärkten der modernen Welt hat der Handel eine Vielzahl von Veränderungen und Innovationen erlebt. Doch die Grundprinzipien des Handels - Angebot und Nachfrage, Wert und Austausch - bleiben auch heute noch unverändert und bilden das Fundament unserer Wirtschaftssysteme.

Die Rolle von Vieh und Getreide als frühe Währungen

In den frühesten Gesellschaften der Menschheit spielten Vieh und Getreide eine entscheidende Rolle als erste Formen von Geld oder Tauschmitteln. Diese natürlichen Ressourcen wurden nicht nur für den eigenen Lebensunterhalt genutzt, sondern auch als Mittel des Handels und des Austauschs.

Die Vielseitigkeit von Vieh

Vieh, insbesondere Rinder, Schafe und Ziegen, waren in vielen frühen Kulturen von unschätzbarem Wert. Sie lieferten nicht nur Fleisch, Milch und Wolle, sondern waren auch ein Symbol für Reichtum und Wohlstand. In Gesellschaften, die auf nomadischer Viehzucht basierten, spielten Tiere eine zentrale Rolle im täglichen Leben und wurden oft als Tauschmittel verwendet.

Die Bedeutung von Getreide

Getreide war eine weitere wichtige Ressource, die als frühe Währung diente. Vor allem Weizen, Gerste und Hirse wurden in großen Mengen angebaut und gehandelt. Getreide war nicht nur ein Grundnahrungsmittel, sondern auch ein wichtiger Handelsgegenstand. Die Lagerung von Getreide ermöglichte es den Menschen, Vorräte für magere Zeiten anzulegen und sie als Tauschmittel zu nutzen.

Die Entwicklung von Märkten und Handelsrouten

Mit der zunehmenden Verwendung von Vieh und Getreide als Tauschmittel entstanden auch spezielle Märkte und Handelsrouten, auf denen diese Güter gehandelt wurden. Menschen aus verschiedenen Regionen und Kulturen trafen sich, um ihre Überschüsse zu tauschen und neue Möglichkeiten zu entdecken. Diese Märkte wurden zu wichtigen Zentren des Austauschs und förderten den kulturellen und wirtschaftlichen Wandel.

Die Herausforderungen des Tauschhandels

Obwohl Vieh und Getreide als Tauschmittel vielseitig und weit verbreitet waren, hatten sie auch ihre Einschränkungen. Die begrenzte Haltbarkeit von Getreide und die Schwierigkeiten beim Transport von Vieh machten den Handel mit diesen Gütern manchmal unpraktisch. Zudem waren sie anfällig für Diebstahl und Raub, was zu Sicherheitsproblemen führte.

Ein Blick in die Zukunft

Die Rolle von Vieh und Getreide als frühe Währungen markiert einen wichtigen Meilenstein in der Geschichte des Geldes. Sie zeigen, wie die Menschen kreative Lösungen entwickelten, um ihre Bedürfnisse zu befriedigen und den Handel zu erleichtern. Obwohl sich die Formen des Geldes im Laufe der Zeit verändert haben, bleiben die grundlegenden Prinzipien des Handels und des Austauschs bis heute bestehen.

Die Entwicklung von Münzen und die Entstehung des Münzgeldes

In den alten Zivilisationen der Welt war die Entwicklung von Münzen ein bedeutender Schritt in der Geschichte des Geldes. Die Einführung von standardisierten Münzen revolutionierte den Handel und ermöglichte einen effizienteren Austausch von Waren und Dienstleistungen.

Die Anfänge des Münzgeldes

Die ersten bekannten Münzen wurden im antiken Kleinasien und im Mittelmeerraum im 7. Jahrhundert v. Chr. geprägt. Diese frühen Münzen waren meist aus Gold, Silber oder Kupfer und trugen oft das Bild des Herrschers oder Symbole der jeweiligen Zivilisation. Sie wurden nicht nur als Tauschmittel verwendet, sondern dienten auch als Maßeinheit für den Wert von Waren und als Symbol für Macht und Autorität.

Die Bedeutung von standardisierten Münzen

Die Einführung von standardisierten Münzen löste viele Probleme des früheren Tauschhandels. Durch die Verwendung von Münzen mit einem festgelegten Wert wurde der Handel vereinfacht und fairer gestaltet. Die Menschen konnten nun genau wissen, wie viel ihre Waren wert waren und leichter Preise vergleichen. Dies förderte den Handel über weite Entfernungen und trug zur Entwicklung von Handelsrouten und Marktstädten bei.

Die Rolle von Münzprägestätten

Um die Qualität und den Wert von Münzen zu gewährleisten, wurden spezielle Münzprägestätten eingerichtet. Hier wurden Münzen geprägt und auf ihre Echtheit und Reinheit geprüft. Diese Prägestätten spielten eine wichtige Rolle bei der Sicherung des Vertrauens der Menschen in das Münzgeld und bei der Aufrechterhaltung der Stabilität der Wirtschaft.

Die Verbreitung von Münzgeld

Mit der Zeit verbreitete sich die Verwendung von Münzgeld in vielen Teilen der Welt. Die griechischen Stadtstaaten, das Römische Reich und das Byzantinische Reich waren führend in der Produktion und Verbreitung von Münzen. Auch im asiatischen Raum und in anderen Teilen der Welt entstanden eigene Münzsysteme und Prägestätten.

Ein Blick in die Zukunft

Die Entwicklung von Münzen und die Entstehung des Münzgeldes markieren einen entscheidenden Schritt in der Geschichte des Geldes. Sie zeigen, wie die Menschen innovative Lösungen entwickelten, um den Handel zu erleichtern und die Wirtschaft zu fördern. Obwohl sich die Formen des Geldes im Laufe der Zeit weiterentwickelt haben, bleibt die Bedeutung von Münzen als Symbol für Wohlstand und Handel bis heute bestehen.

Das erste Geld

Alles wuchs. Sämtliche Warenressourcen (wie z. B. die Landwirtschaft) bildeten einen eigenen Markt. Kleinwirtschaftliche Handwerksbetriebe gewannen an Bedeutung und boten ihre Produkte ebenfalls zum Erwerb an. Nicht immer blühte der Handel, zumal sich dem auch Missernten, Naturkatastrophen und Kriege in den Weg stellten.

In dieser Zeit entstand der Finanzhandel

Werte wurde verliehen. Es entstanden (→) Darlehen, Hypotheken und Zinsen. Die ersten Finanzhändler boten Investitionen an, die sich oftmals als Fehlinvestition entpuppten und den Investor zum (→) Kredit zwangen. Geliehen wurden Naturalien, wie auch Silber und zurückgezahlt wurde ausnahmslos in Silber oder ebenfalls in Naturalien, woraus der spätere (→) Zehnt entstand.

Das Verleihen ließen sich die Händler sehr gut bezahlen. Die Entrichtung von Zinsen lag seinerzeit nicht selten zwischen 5 und 35 %. Um dahingehende Auswüchse zu verhindern, wurden die Zinssätze durch die Landesregenten begrenzt.

Auch kam es vor, dass der Kreditnehmer mit der Rückzahlung säumig wurde. Dann stand dem Kreditgeber das Recht zur (→) Schuldknechtschaft zu. Andernfalls konnte der Schuldner einen Bürgen vorweisen, der anstelle seiner die fällige Rückzahlung beglich. Seinerzeit gab es noch keine festgelegten Rückzahlungstermine. Die legte der Kreditgeber oftmals willkürlich fest. Es konnte somit passieren, dass er die Fälligkeit der Rückzahlung von heute auf morgen verlangte und den Gläubiger somit zu einem extrem ungelegenen Zeitpunkt erwischte.

Doch trotz all solcher widrigen Umstände blühte dieser neue Zweig des Wirtschaftswesens und hat sich bis heute erhalten. Der Finanzhandel bildete einen eigenen Markt und ist als Wirtschaftszweig nicht wegzudenken. Kaum eine Nation verzichtet darauf.

Mit dem Erscheinen des Geldes war plötzlich alles vergleichbar. Alles besaß einen messbaren und kalkulierbaren Wert. Lange Zeit machte man sich über das Material Gedanken, aus welchem ein künftiges Universaltauschmittel als dauerhaftes Zahlungsmittel bestehen sollte.

Der Strapazierfähigkeit und der Haltbarkeit wegen, wurde sich für Metall entschieden. Aber welches? Es sollte – der Fälschungssicherheit (→ *Geldfälschung*) wegen – selten, edel, strapazierfähig und in jeder Weise langlebig sein. Auch sollte der Eigenwert eines solchen Gegenstandes den Tauschwert nicht übersteigen. Demzufolge wurde sich bereits im Vorfeld für unterschiedliche Werteinheiten entschieden.

Die ersten Münzen wurden gegen etwa 680 v. Chr. in Griechenland geprägt. Zwar waren sie seinerzeit bereits rund und flach und man verfügte endlich über ein Format, das sich sogar bis zum heutigen Tag durchsetzen konnte, doch bis dahin war es noch ein langer Weg.

Metall wurde schon etliche Jahrhunderte zuvor in Formen gegossen. Bei den ersten Werkstoffen dieser Art handelte es sich um Kupfer, Bronze und Eisen.

Ringe, kleine Darstellungen mythologischer Figuren und auch Pfeilspitzen wurden anfangs zur Bezahlung benutzt, bevor sich auf die Münze geeinigt wurde.

Der Mittelmeerraum bildete seinerzeit das Zentrum der Welt und so war es nicht verwunderlich, dass es zuerst die Ägypter waren, die sich auf die Verhüttung edelster Metalle, wie bspw. Gold verstanden.

In exotischeren Ländern befand sich (→) Muschelgeld in Gebrauch. Selbst an seltene Steine, die man einer speziellen Behandlung unterwarf, wurde anfangs gedacht.

Die Münzen bestanden aus edlem Metall und dienten nicht selten auch als Mittel der Hortung – sie wurden schlicht und ergreifend angehäuft und gesammelt. Da sie jedoch ein gültiges Zahlungsmittel darstellten, wurden sie unfreiwillig gespart. Einige Münzen und das hat sich bis zum heutigen Tage nicht geändert, verfügten über einen höheren Wert als den, der aufgedruckt erscheint. Das machte manche Münzen zu Objekten der Begierde.

Das Material des Papiergeldes war nicht annähernd so strapazierfähig wie ihre klimpernden Mitstreiter. Aufgrund der mangelnden Haltbarkeit wurden die Scheine häufig erneuert. Moderne Geldscheine bestehen vorwiegend aus einer feinen Baumwollfaser und sind so gesehen gar kein reines Papier mehr, sondern hauptsächlich Textil.

Wer nicht über Geld verfügte, aber Handel betreiben wollte, musste es sich von denen beschaffen, die darüber verfügten. Geld wurde somit ge- und verliehen und dafür entfiel eine Gebühr: der (→) Zins, der sich bis heute erhalten hat.

Geld nahm in der Gesellschaft eine Sonderstellung ein, denn nicht jeder besaß es. Mehr und mehr drängte sich das neu geschaffene Zahlungsmittel in die Welt der menschlichen Zivilisation und schuf neue Grundlagen der Ökonomie. Die Industrie eines jeden Landes bildete den Welthandel und bestimmt somit den Wert einer Währung.

Heutzutage ist es völlig gleich, wie eine Währung aussieht oder wie sie heißt. Jeder kann jede Ware zu jeder Zeit erwerben, denn auch Dienstleistungen stellen eine erwerbbare Ware dar.

Die Bedeutung des Goldes und Silbers in der Antike

In der Antike spielten Gold und Silber eine herausragende Rolle als Grundlage für das Geld- und Wirtschaftssystem vieler Zivilisationen. Diese edlen Metalle waren nicht nur selten und wertvoll, sondern auch äußerst begehrt und begehrlich für ihren Glanz, ihre Haltbarkeit und ihre Vielseitigkeit.

Die Faszination von Gold und Silber

Schon in den frühesten Zivilisationen übten Gold und Silber eine besondere Anziehungskraft auf die Menschen aus. Ihre glänzende Oberfläche und ihre Seltenheit machten sie zu begehrten Schätzen, die als Symbole für Reichtum, Macht und Prestige dienten. Gold und Silber wurden nicht nur für Schmuck und Dekoration verwendet, sondern auch als Währung und Handelsgut.

Die Verwendung von Gold und Silber als Geld

In vielen antiken Kulturen wurden Gold und Silber zu standardisierten Münzen geprägt und als offizielle Währung verwendet. Diese Münzen waren oft mit Symbolen des Herrschers oder der jeweiligen Zivilisation verziert und dienten als Maßeinheit für den Wert von Waren und Dienstleistungen. Goldmünzen wurden oft für größere Transaktionen verwendet, während Silbermünzen für kleinere Einkäufe und den täglichen Gebrauch reserviert waren.

Die Rolle von Gold und Silber im Handel

Gold und Silber spielten auch eine wichtige Rolle im internationalen Handel der Antike. Aufgrund ihrer Seltenheit und ihres intrinsischen Wertes wurden sie oft als universelles Tauschmittel akzeptiert und waren bei Händlern und Kaufleuten in aller Welt begehrt. Der Handel mit Gold und Silber trug zur Entwicklung von Handelsrouten und zum kulturellen Austausch zwischen verschiedenen Regionen bei.

Die Bedeutung von Gold und Silber für das Wirtschaftssystem

Die Verwendung von Gold und Silber als Grundlage für das Geldsystem hatte weitreichende Auswirkungen auf die antiken Gesellschaften. Sie stabilisierte die Wirtschaft, förderte den Handel und trug zur Entwicklung von Märkten, Städten und Handelsnetzen bei. Gold und Silber waren nicht nur Währungen, sondern auch Symbole für den Reichtum und die Macht einer Zivilisation.

Ein Blick in die Zukunft

Obwohl sich die Formen des Geldes im Laufe der Zeit weiterentwickelt haben, bleibt die Bedeutung von Gold und Silber als Wertspeicher und Währung bis heute bestehen. Sie sind nach wie vor beliebte Anlageformen und spielen eine wichtige Rolle im internationalen Finanzsystem. Die Geschichte von Gold und Silber in der Antike ist daher nicht nur eine faszinierende Reise in die Vergangenheit, sondern auch ein wichtiger Hinweis auf die Bedeutung dieser edlen Metalle für unsere moderne Welt.

Handelsnetze und der Austausch von Waren im antiken Griechenland

Das antike Griechenland war nicht nur bekannt für seine kulturellen und philosophischen Errungenschaften, sondern auch für sein lebendiges Handelsnetzwerk, das den Austausch von Waren über weite Entfernungen ermöglichte. Von den geschäftigen Häfen Athens bis zu den Handelsrouten im Mittelmeer spielte der Handel eine zentrale Rolle in der griechischen Gesellschaft und Wirtschaft.

Die Bedeutung der Seefahrt

Die griechische Zivilisation war eng mit dem Meer verbunden, und die Seefahrt spielte eine entscheidende Rolle im Handel. Griechische Schiffe durchquerten das Mittelmeer und die Ägäis, um Waren von Hafen zu Hafen zu transportieren. Diese Seewege waren nicht nur für den Handel wichtig, sondern auch für den kulturellen Austausch und die Verbreitung von Ideen.

Die Vielfalt der gehandelten Waren

Im antiken Griechenland wurden eine Vielzahl von Waren gehandelt, darunter Olivenöl, Wein, Keramik, Metalle, Textilien und Lebensmittel. Griechische Städte produzierten hochwertige Güter, die bei Händlern und Kaufleuten im gesamten Mittelmeerraum begehrt waren. Der Handel mit Luxusgütern wie

Marmor, Elfenbein und Gewürzen trug zur wirtschaftlichen Blüte und zum kulturellen Reichtum der griechischen Städte bei.

Die Rolle von Handelszentren

Griechische Städte wie Athen, Korinth und Rhodos waren wichtige Handelszentren, die als Knotenpunkte für den Austausch von Waren dienten. Hier trafen sich Händler aus verschiedenen Regionen, um ihre Güter zu kaufen und zu verkaufen. Märkte und Handelsplätze waren lebendige Orte des Geschäfts und der Begegnung, an denen Ideen ausgetauscht und Allianzen geschmiedet wurden.

Die Bedeutung von Handelsverträgen und Gesetzen

Um den Handel zu erleichtern und zu schützen, wurden in vielen griechischen Städten Handelsverträge und Gesetze erlassen. Diese regelten den Handel, legten Standards für Gewichte und Maße fest und schützten die Rechte von Händlern und Kaufleuten. Handelsgerichte wurden eingerichtet, um Streitigkeiten beizulegen und die Einhaltung der Gesetze zu überwachen.

Ein Blick in die Zukunft

Das antike Griechenland war ein wichtiges Zentrum des Handels und des Austauschs von Waren, das den Grundstein für die Entwicklung des modernen Handelssystems legte. Die Vielfalt der gehandelten Waren, die Bedeutung der Seefahrt und die Rolle von Handelszentren prägten die griechische Wirtschaft und trugen zur kulturellen Blüte der Zivilisation bei. Die Geschichte des Handels im antiken Griechenland ist daher nicht nur eine faszinierende Episode der Vergangenheit, sondern auch ein wichtiger Hinweis auf die Bedeutung des Handels für unsere moderne Welt.

Die römische Wirtschaft und das Konzept des römischen Denars

Die römische Zivilisation war nicht nur für ihre militärische Macht und ihre monumentale Architektur bekannt, sondern auch für ihr komplexes Wirtschaftssystem, das auf dem Gebrauch von Münzen basierte. Eine zentrale Rolle in diesem System spielte der römische Denar, eine Silbermünze, die zu einer der wichtigsten Währungen des antiken Mittelmeerraums wurde.

Die Vielfalt der römischen Wirtschaft

Die römische Wirtschaft war äußerst vielfältig und umfasste Landwirtschaft, Handel, Bergbau, Handwerk und Dienstleistungen. In den fruchtbaren Tälern Italiens wurden große Mengen an Getreide, Olivenöl und Wein produziert, die auf den Märkten von Rom und anderen Städten gehandelt wurden. Der Handel mit Luxusgütern wie Gewürzen, Seide und Sklaven trug zur wirtschaftlichen Blüte des Römischen Reiches bei.

Die Bedeutung des römischen Denars

Der römische Denar war die wichtigste Währung des Römischen Reiches und diente als Maßeinheit für den Wert von Waren und Dienstleistungen. Die Münze wurde aus reinem Silber geprägt und trug oft das Bild des herrschenden Kaisers oder

Symbole der römischen Zivilisation. Der Denar war nicht nur ein Tauschmittel, sondern auch ein Symbol für den Reichtum und die Macht des Römischen Reiches.

Die Rolle von Münzprägestätten

Um die Qualität und den Wert des römischen Denars zu gewährleisten, wurden spezielle Münzprägestätten eingerichtet, die Münzen prägten und auf ihre Reinheit und Echtheit überprüften. Diese Prägestätten, wie die berühmte Münzstätte in Rom, waren wichtige Einrichtungen im römischen Wirtschaftssystem und trugen zur Stabilität der Währung bei.

Die Herausforderungen der römischen Wirtschaft

Obwohl die römische Wirtschaft eine bemerkenswerte Leistung war, stand sie auch vor Herausforderungen wie Inflation, Steuerdruck und wirtschaftlicher Ungleichheit. Der hohe Bedarf an militärischen Ausgaben und die Ausweitung des Reiches führten zu einer Verschuldung und finanziellen Instabilität, die letztendlich zum Niedergang des Römischen Reiches beitrugen.

Ein Blick in die Zukunft

Die römische Wirtschaft und das Konzept des römischen Denars haben einen bleibenden Einfluss auf die Geschichte des Geldes und der Wirtschaft. Sie zeigen, wie eine gut organisierte und entwickelte Wirtschaftsstruktur die Grundlage für den Aufstieg und den Niedergang großer Zivilisationen legen kann. Die Geschichte des römischen Denars ist daher nicht nur eine faszinierende Episode der Vergangenheit, sondern auch ein wichtiger Hinweis auf die Bedeutung von Währungen und Münzen für unsere moderne Welt.

Die Verbreitung des Münzgeldes im Mittelalter

Das Mittelalter war eine Zeit des Umbruchs und der Veränderung, auch in Bezug auf das Geldwesen. Während die römischen Münzen nach dem Zusammenbruch des Weströmischen Reiches zunächst seltener wurden, entstand im Verlauf des Mittelalters eine Vielzahl neuer Münzsorten und Prägestätten. Diese Entwicklung trug zur Stabilisierung der Wirtschaft bei und förderte den Handel über weite Entfernungen.

Die Rolle von Herrschern und Feudalherren

Im Mittelalter war die Prägung von Münzen oft das Vorrecht der Herrscher und Feudalherren. Sie ließen eigene Münzen prägen, um ihre Autorität zu demonstrieren und ihre Macht zu festigen. Diese Münzen trugen oft das Bild des Herrschers oder Symbole seines Herrschaftsgebietes und dienten als Zeichen der Loyalität und des Gehorsams.

Die Bedeutung von Münzprägestätten

Mit der Verbreitung des Münzgeldes entstanden auch zahlreiche Münzprägestätten, in denen Münzen geprägt und auf ihre Reinheit und Echtheit überprüft wurden. Diese Prägestätten waren oft eng mit den Herrschern verbunden und dienten als wichtige Einrichtungen im Wirtschaftssystem. Sie trugen zur

Stabilität der Währung bei und förderten den Handel über weite Entfernungen.

Die Vielfalt der Münzsorten

Im Mittelalter gab es eine große Vielfalt von Münzsorten und Währungen, die von verschiedenen Herrschern und Ländern geprägt wurden. Neben den klassischen Gold- und Silbermünzen wurden auch Kupfer- und Billon-Münzen verwendet. Jede Münzsorte hatte ihren eigenen Wert und ihre eigene Verwendungszwecke, je nach den Bedürfnissen und Gegebenheiten der jeweiligen Region.

Die Bedeutung des Münzgeldes für den Handel

Die Verbreitung des Münzgeldes im Mittelalter trug wesentlich zur Entwicklung des Handels bei. Durch die Verwendung von standardisierten Münzen wurde der Handel vereinfacht und fairer gestaltet. Die Menschen konnten nun genau wissen, wie viel ihre Waren wert waren und leichter Preise vergleichen. Dies förderte den Handel über weite Entfernungen und trug zur Entwicklung von Handelsrouten und Marktstädten bei.

Ein Blick in die Zukunft

Die Verbreitung des Münzgeldes im Mittelalter markiert einen wichtigen Schritt in der Geschichte des Geldes. Sie zeigt, wie die Menschen innovative Lösungen entwickelten, um den Handel zu erleichtern und die Wirtschaft zu fördern. Obwohl sich die Formen des Geldes im Laufe der Zeit weiterentwickelt haben, bleibt die Bedeutung von Münzen als Symbol für Wohlstand und Handel bis heute bestehen.

Die Rolle von Banken und Geldwechslern im Mittelalter

Im Mittelalter spielten Banken und Geldwechsler eine entscheidende Rolle im Wirtschaftsleben Europas. Sie waren zentrale Akteure im Handel und trugen zur Entwicklung eines komplexen Finanzsystems bei, das den Austausch von Waren und Geld über große Entfernungen ermöglichte.

Die Entstehung von Banken

Die ersten Banken im Mittelalter entstanden im 12. und 13. Jahrhundert in den aufstrebenden Handelsstädten Italiens, wie zum Beispiel Venedig, Florenz und Genua. Diese Banken entstanden aus den Geschäften von wohlhabenden Kaufleuten und Geldwechslern, die Geld gegen Zinsen verliehen und Wechselgeschäfte durchführten. Sie boten auch sichere Aufbewahrungsmöglichkeiten für Wertgegenstände und Bargeld an.

Die Funktion der Geldwechsler

Geldwechsler waren eine wichtige Zwischenstation im Handel zwischen verschiedenen Ländern und Regionen. Sie nahmen ausländische Währungen entgegen und tauschten sie gegen lokale Währungen um, wobei sie eine Gebühr für ihre Dienstleistung verlangten. Geldwechsler waren oft an zentralen

Orten wie Märkten, Messen und Hafenstädten anzutreffen und spielten eine entscheidende Rolle im internationalen Handel.

Die Bedeutung von Krediten und Darlehen

Banken und Geldwechsler gewährten Kredite und Darlehen an Kaufleute, Händler und Regierungen, um den Handel zu finanzieren und Investitionen zu ermöglichen. Diese Kredite waren oft mit hohen Zinsen verbunden und dienten dazu, das Risiko des Handels zu minimieren und den Gewinn zu maximieren. Banken wurden zu wichtigen Finanzierern von Handelsunternehmen und trugen zur Entwicklung von Märkten und Handelsrouten bei.

Die Rolle von Bankiers und Finanziers

Im Laufe der Zeit entwickelten sich einige Banken zu mächtigen Finanzinstituten, die eine breite Palette von Dienstleistungen anboten. Bankiers wie die Familie Medici in Florenz oder die Fugger in Augsburg wurden zu den reichsten und mächtigsten Familien Europas und spielten eine wichtige Rolle in der Politik und Wirtschaft ihrer Zeit. Sie finanzierten Kriege, unterstützten Regierungen und förderten Kunst und Kultur.

Ein Blick in die Zukunft

Die Rolle von Banken und Geldwechslern im Mittelalter legte den Grundstein für das moderne Finanzsystem. Sie zeigte, wie Kredite, Darlehen und Finanzdienstleistungen den Handel und die Wirtschaft fördern können. Obwohl sich die Formen des Geldes und der Banken im Laufe der Zeit verändert haben, bleibt ihre grundlegende Funktion als Vermittler und Finanzintermediäre bis heute bestehen.

Die Ära der Gold- und Silberminen im 16. Jahrhundert

Das 16. Jahrhundert war eine Zeit des wirtschaftlichen Aufschwungs und der Entdeckungen, insbesondere im Bereich des Bergbaus von Edelmetallen wie Gold und Silber. Die Entdeckung neuer Minen und die Ausbeutung vorhandener Vorkommen trugen maßgeblich zur Entwicklung des globalen Handels und zur Entstehung moderner Finanzsysteme bei.

Die Entdeckung neuer Minen und Bergwerke

Während des 16. Jahrhunderts wurden in verschiedenen Teilen der Welt neue Gold- und Silberminen entdeckt und erschlossen. In Südamerika, insbesondere in den Gebieten des heutigen Mexiko, Peru und Bolivien, wurden reiche Vorkommen dieser Edelmetalle gefunden. Diese Entdeckungen lockten Bergleute, Abenteurer und Unternehmer aus aller Welt an und führten zu einem regelrechten Gold- und Silberrausch.

Die Auswirkungen auf den Welthandel

Die reichen Vorkommen an Gold und Silber in Amerika hatten weitreichende Auswirkungen auf den Welthandel. Die Edelmetalle wurden in großen Mengen nach Europa verschifft und dienten als Zahlungsmittel für den Handel mit Waren aus aller Welt. Sie trugen zur Stärkung der europäischen Wirtschaft und zur Entwicklung von Handelsrouten und Handelszentren bei.

Die Bedeutung von Gold und Silber für das Finanzwesen

Die reichen Gold- und Silberminen des 16. Jahrhunderts veränderten auch das Finanzwesen grundlegend. Die Edelmetalle wurden zu wichtigen Reserven der europäischen Staaten und bildeten die Grundlage für die Einführung neuer Währungen und Münzsysteme. Sie wurden auch zur Finanzierung von Kriegen und politischen Projekten verwendet und spielten eine zentrale Rolle im Aufstieg der europäischen Mächte.

Die sozialen und ökologischen Auswirkungen

Der Bergbau von Gold und Silber im 16. Jahrhundert hatte jedoch auch negative Auswirkungen auf die Umwelt und die Gesellschaft. Der Einsatz von Zwangsarbeit und Sklaverei in den Minen führte zu enormen menschlichen Leiden und sozialen Konflikten. Der Raubbau an natürlichen Ressourcen und die Umweltverschmutzung durch den Bergbau hatten langfristige ökologische Folgen für die betroffenen Regionen.

Ein Blick in die Zukunft

Die Ära der Gold- und Silberminen im 16. Jahrhundert markiert einen wichtigen Wendepunkt in der Geschichte des Bergbaus und des Handels. Sie zeigt, wie die Entdeckung neuer Ressourcen die Weltwirtschaft veränderte und neue Möglichkeiten für den Handel und die Finanzierung eröffnete. Die Geschichte dieser Ära ist daher nicht nur eine faszinierende Episode der Vergangenheit, sondern auch ein wichtiger Hinweis auf die Bedeutung von Rohstoffen für die Entwicklung der Menschheit.

Die Einführung von Papiergeld in China und Europa

Die Einführung von Papiergeld war ein bedeutender Schritt in der Entwicklung des Geldwesens, der sowohl in China als auch in Europa stattfand. Dieses Kapitel untersucht die Ursprünge und Auswirkungen der Einführung von Papiergeld in beiden Regionen und zeigt auf, wie diese Innovation das Finanzsystem revolutionierte und den Handel förderte.

Die Anfänge des Papiergeldes in China

Die Verwendung von Papiergeld hat ihren Ursprung im alten China, wo die frühesten Formen bereits im 7. Jahrhundert während der Tang-Dynastie auftauchten. Zu dieser Zeit wurden handgeschriebene Banknoten verwendet, um den Handel zu erleichtern und den Transport von schweren Münzen zu vermeiden. Später, während der Song-Dynastie im 11. Jahrhundert, begann die Regierung damit, offizielle Papiergeldnoten herauszugeben, die als gültiges Zahlungsmittel akzeptiert wurden.

Die Entwicklung von Papiergeld in Europa

In Europa erfolgte die Einführung von Papiergeld etwas später als in China. Während des Mittelalters wurden in einigen Städten wie Venedig und Genua bereits Wechselbriefe und

Schuldscheine verwendet, die als Vorläufer des modernen Papiergeldes angesehen werden können. Die eigentliche Einführung von Papiergeld in Europa fand jedoch erst im 17. Jahrhundert statt, als einige europäische Staaten begannen, Banknoten als offizielles Zahlungsmittel herauszugeben.

Die Vorteile von Papiergeld

Die Einführung von Papiergeld brachte zahlreiche Vorteile mit sich. Zum einen vereinfachte es den Handel und den täglichen Zahlungsverkehr, da es leichter zu transportieren war als Münzen. Zum anderen ermöglichte es den Regierungen, die Geldmenge besser zu kontrollieren und die Wirtschaft zu stabilisieren. Papiergeld förderte auch das Kreditwesen und die Entwicklung von Banken, da es die Grundlage für Kreditvergaben und Investitionen bildete.

Die Herausforderungen und Risiken

Trotz seiner Vorteile brachte die Einführung von Papiergeld auch Herausforderungen und Risiken mit sich. Fälschungen waren ein häufiges Problem, das die Stabilität des Geldwesens gefährden konnte. Zudem war Papiergeld oft anfällig für Inflation und Währungskrisen, wenn die Regierungen zu viele Banknoten druckten und dadurch den Wert des Geldes minderten. Diese Herausforderungen erforderten eine sorgfältige Regulierung und Überwachung des Geldwesens durch die Regierungen und Zentralbanken.

Ein Blick in die Zukunft

Die Einführung von Papiergeld in China und Europa markierte einen wichtigen Wendepunkt in der Geschichte des Geldes. Sie zeigte, wie Innovationen im Finanzwesen das Wirtschaftswachstum und den Handel fördern können, aber auch Risiken und Herausforderungen mit sich bringen. Die Geschichte von Papiergeld ist daher nicht nur eine faszinierende Episode der Vergangenheit, sondern auch ein wichtiger Hinweis auf die Bedeutung von vertrauenswürdigen und stabilen Währungen für die Entwicklung der modernen Wirtschaft.

Die Rolle der Hanse im europäischen Handelssystem

Die Hanse, auch bekannt als Hanseatische Liga, war eine Vereinigung von Kaufleuten und Städten im mittelalterlichen Nordeuropa, die eine bedeutende Rolle im europäischen Handelssystem spielte. Dieses Kapitel untersucht die Entstehung, Organisation und Bedeutung der Hanse für den Handel und die Wirtschaft im Mittelalter.

Die Entstehung der Hanse

Die Hanse entstand im 12. Jahrhundert als lockere Vereinigung von Kaufleuten und Städten an der Ostsee und der Nordsee. Ihr Ziel war es, gemeinsame Interessen zu verteidigen, den Handel zu fördern und Handelsprivilegien zu sichern. Die Mitglieder der Hanse handelten mit Waren wie Getreide, Fisch, Holz, Pelzen und anderen Gütern, die in Nordeuropa produziert wurden.

Die Organisation der Hanse

Die Hanse war eine dezentralisierte Organisation, die aus verschiedenen Handelsstädten und Kaufmannsgilden bestand. Die Mitgliedschaft in der Hanse war für Städte und Kaufleute von großem Vorteil, da sie Zugang zu neuen Handelsrouten, Märkten und Privilegien bot. Die Hanse traf sich regelmäßig zu Versammlungen, den sogenannten Hansetagen, um wichtige Angelegenheiten zu besprechen und gemeinsame Entscheidungen zu treffen.

Die Bedeutung der Hanse für den Handel

Die Hanse spielte eine entscheidende Rolle im europäischen Handelssystem des Mittelalters. Sie kontrollierte wichtige Handelsrouten und Handelsplätze, wie zum Beispiel die Ostsee und die Nordsee, und dominierte den Handel mit bestimmten Waren wie Fisch, Getreide und Holz. Die Hanse förderte den Austausch von Waren und Ideen zwischen verschiedenen Regionen Europas und trug zur Entwicklung von Handelsstädten und Märkten bei.

Die politische und wirtschaftliche Macht der Hanse

Durch ihre wirtschaftliche Stärke und ihren Einfluss wurde die Hanse zu einer politischen und wirtschaftlichen Macht in Europa. Sie schloss Handelsverträge mit anderen Städten und Ländern ab, betrieb eigene Handelsflotten und unterhielt Handelsniederlassungen in ganz Europa. Die Hanse war auch an der Gründung von Städtebünden und Handelsmonopolen beteiligt und übte großen Einfluss auf die Politik und die Wirtschaft ihrer Zeit aus.

Ein Blick in die Zukunft

Die Hanse prägte das europäische Handelssystem des Mittelalters und hinterließ einen bleibenden Einfluss auf die Wirtschaftsgeschichte Europas. Ihr Erbe lebt in den Handelsbräuchen und Traditionen vieler europäischer Städte und Regionen fort und erinnert an die Bedeutung des Handels für die Entwicklung der europäischen Zivilisation.

Die Auswirkungen der Entdeckung Amerikas auf den Welthandel

Die Entdeckung Amerikas im 15. Jahrhundert durch Christoph Kolumbus hatte weitreichende Auswirkungen auf den Welthandel und veränderte das wirtschaftliche Gefüge der Welt nachhaltig. Dieses Kapitel untersucht die Auswirkungen dieser historischen Ereignisse auf den Handel, die Wirtschaft und die Gesellschaften auf der ganzen Welt.

Die Entdeckung Amerikas und der Beginn des Zeitalters der Entdeckungen

Die Entdeckung Amerikas durch Christoph Kolumbus im Jahr 1492 markierte den Beginn des Zeitalters der Entdeckungen und eröffnete neue Handelsrouten und Märkte für Europa. Die Ankunft der Europäer in Amerika löste eine Welle der Exploration, Kolonisierung und wirtschaftlichen Expansion aus, die die Welt für immer verändern sollte.

Die Suche nach Reichtum und Handelsmöglichkeiten

Die Europäer waren auf der Suche nach Reichtum und Handelsmöglichkeiten in Amerika, insbesondere nach kostbaren Rohstoffen wie Gold, Silber und Edelsteinen. Die Entdeckung und Ausbeutung neuer Ressourcen in Amerika führte zu einem enormen Anstieg des Handels zwischen Europa, Amerika, Afrika und Asien und trug zur Entstehung globaler Handelsnetzwerke bei.

Die Auswirkungen auf die europäische Wirtschaft

Die Entdeckung Amerikas hatte tiefgreifende Auswirkungen auf die europäische Wirtschaft. Der massive Import von Gold und Silber aus Amerika führte zu einer Inflation in Europa und veränderte die finanzielle Landschaft nachhaltig. Neue Handelsrouten und Märkte erschlossen sich für europäische Händler und Unternehmer, was zu einem wirtschaftlichen Aufschwung und einer Zunahme des Handelsvolumens führte.

Die Folgen für die indigenen Völker Amerikas

Die Entdeckung Amerikas hatte jedoch auch verheerende Auswirkungen auf die indigenen Völker Amerikas. Die europäische Kolonisierung führte zu Massensterben, Versklavung und kultureller Assimilation der indigenen Bevölkerung. Der Handel mit europäischen Gütern und die Ausbeutung natürlicher Ressourcen zerstörten viele indigene Gesellschaften und führten zu einem tiefgreifenden Wandel in der amerikanischen Lebensweise.

Ein Blick in die Zukunft

Die Entdeckung Amerikas und die damit verbundene Expansion des Welthandels markierten einen Wendepunkt in der Geschichte der Menschheit. Sie veränderten die wirtschaftlichen, politischen und kulturellen Strukturen der Welt und legten die Grundlage für die moderne globale Wirtschaft. Die Auswirkungen der Entdeckung Amerikas sind bis heute spürbar und erinnern uns an die Bedeutung des Handels für die Entwicklung der Menschheit.

Die Blütezeit der Handelsrouten im Zeitalter der Entdeckungen

Das Zeitalter der Entdeckungen, das im späten 15. Jahrhundert begann und bis zum 17. Jahrhundert dauerte, war eine Ära intensiver Exploration, Kolonisierung und wirtschaftlicher Expansion. In dieser Zeit erlebten die Handelsrouten der Welt eine unvergleichliche Blütezeit, die den Austausch von Waren, Ideen und Kulturen über die Ozeane hinweg förderte.

Die Entdeckung neuer Handelsrouten

Während des Zeitalters der Entdeckungen wurden neue Handelsrouten entdeckt und erschlossen, die es den Europäern ermöglichten, die Weltmeere zu durchqueren und neue Gebiete zu erkunden. Die Entdeckung des Seewegs nach Indien um das Kap der Guten Hoffnung durch Vasco da Gama im Jahr 1498 und die Entdeckung Amerikas durch Christoph Kolumbus im Jahr 1492 öffneten neue Handelsmöglichkeiten und veränderten den Welthandel nachhaltig.

Die Bedeutung der Seerouten

Die Seerouten spielten eine entscheidende Rolle im Zeitalter der Entdeckungen und ermöglichten den Austausch von Waren zwischen den Kontinenten. Die Route um das Kap der Guten Hoffnung ermöglichte den direkten Handel zwischen

Europa und Asien, während die Entdeckung Amerikas neue Handelswege nach Westen eröffnete. Diese Seerouten waren von entscheidender Bedeutung für den Handel mit Luxusgütern wie Gewürzen, Edelsteinen, Seide und Porzellan.

Die Entstehung von Handelszentren und Knotenpunkten

Entlang der Handelsrouten entstanden wichtige Handelszentren und Knotenpunkte, die zu blühenden Handelsstädten heranwuchsen. Städte wie Lissabon, Sevilla, Amsterdam und London wurden zu bedeutenden Handelszentren, von denen aus Waren in alle Welt verschifft wurden. Diese Städte wurden zu Schmelztiegeln verschiedener Kulturen und trugen zur Entwicklung des Welthandels bei.

Die Rolle der Handelskompanien

Im Zeitalter der Entdeckungen spielten Handelskompanien eine wichtige Rolle im Welthandel. Unternehmen wie die Britische Ostindien-Kompanie und die Niederländische Ostindien-Kompanie kontrollierten den Handel mit Ostasien und dominierten den Handel mit Gewürzen und anderen Luxusgütern. Diese Handelskompanien waren von großer Bedeutung für die wirtschaftliche Expansion Europas und trugen zur Entwicklung des Kapitalismus bei.

Ein Blick in die Zukunft

Die Blütezeit der Handelsrouten im Zeitalter der Entdeckungen legte den Grundstein für die moderne globale Wirtschaft. Sie förderte den Austausch von Waren, Ideen und Kulturen über die Kontinente hinweg und trug zur Entstehung einer globalisierten Welt bei. Die Geschichte dieser Handelsrouten erinnert uns an die Bedeutung des Handels für die Entwicklung der Menschheit und lädt dazu ein, über die Zukunft des Welthandels nachzudenken.

Die Gründung von Zentralbanken und die Entstehung moderner Währungen

Die Gründung von Zentralbanken markiert einen wichtigen Meilenstein in der Geschichte des Geldwesens und der Entwicklung moderner Währungen. Dieses Kapitel beleuchtet die Entstehung und die Rolle von Zentralbanken sowie ihre Auswirkungen auf das Geldsystem und die Wirtschaft.

Die Notwendigkeit von Zentralbanken

Mit dem Aufkommen des modernen Bankwesens im 17. Jahrhundert entstand auch die Notwendigkeit nach einer Institution, die die Geldpolitik eines Landes steuerte und die Stabilität des Finanzsystems gewährleistete. Zentralbanken wurden gegründet, um die Ausgabe von Währungen zu regulieren, die Geldmenge zu kontrollieren und das Bankensystem zu überwachen.

Die Entstehung von Zentralbanken

Die erste moderne Zentralbank war die ›Sveriges Riksbank‹, die 1668 in Schweden gegründet wurde. Ihr Ziel war es, die Finanzierung des Staates zu erleichtern und die Geldversorgung zu stabilisieren. Andere Länder folgten diesem Beispiel, und im Laufe der Zeit wurden Zentralbanken in vielen Ländern auf der ganzen Welt gegründet, darunter die Bank of England

(1694), die Banque de France (1800) und die Federal Reserve Bank (1913).

Die Rolle von Zentralbanken

Zentralbanken spielen eine zentrale Rolle im Geldwesen eines Landes. Sie sind verantwortlich für die Ausgabe von Banknoten und Münzen, die Steuerung des Geldangebots durch geldpolitische Maßnahmen wie Zinssätze und Reserveanforderungen, sowie die Überwachung des Bankensystems, um die Stabilität des Finanzsystems zu gewährleisten.

Die Bedeutung stabiler Währungen

Die Gründung von Zentralbanken trug zur Entstehung stabiler nationaler Währungen bei, die das Vertrauen der Bevölkerung genossen und als Maßstab für den Handel dienten. Stabile Währungen sind entscheidend für das Funktionieren einer modernen Wirtschaft, da sie Preisstabilität, Investitionssicherheit und wirtschaftliches Wachstum fördern.

Ein Blick in die Zukunft

Die Gründung von Zentralbanken und die Entstehung moderner Währungen haben das Geldwesen und die Wirtschaft nachhaltig verändert. In einer zunehmend globalisierten Welt werden Zentralbanken eine immer wichtigere Rolle spielen, um die Stabilität der Finanzmärkte zu gewährleisten und auf die Herausforderungen der modernen Wirtschaft zu reagieren.

Die Auswirkungen der industriellen Revolution auf das Geldwesen

Die industrielle Revolution war ein epochales Ereignis, das die Welt in vielerlei Hinsicht veränderte, einschließlich des Geldwesens. Dieses Kapitel untersucht die tiefgreifenden Auswirkungen der industriellen Revolution auf das Geldwesen und wie sie die Art und Weise, wie Geld hergestellt, verwendet und kontrolliert wird, veränderte.

Die Transformation der Wirtschaft durch Industrialisierung

Die industrielle Revolution brachte eine grundlegende Veränderung in der Art und Weise, wie Waren produziert wurden, indem sie die Mechanisierung von Produktionsprozessen einführte und die Produktivität enorm steigerte. Dies führte zu einem explosionsartigen Wachstum der Wirtschaft und einer verstärkten Nutzung von Geld als Mittel des Austauschs.

Die Entstehung neuer Industrien und Unternehmen

Mit der industriellen Revolution entstanden neue Industrien wie Textilien, Eisen und Stahl, Bergbau und Transportwesen. Diese Industrien benötigten große Investitionen in Produktionsanlagen und Infrastruktur, was zu einem Anstieg der Kapitalmärkte und der Finanzierung durch Banken führte. Die Entstehung großer Unternehmen und die zunehmende Komplexität der Wirtschaft machten eine effiziente Geldwirtschaft unerlässlich.

Die Entwicklung des Bankwesens und des Kreditsystems

Die industrielle Revolution veränderte auch die Art und Weise, wie Banken operierten und Kredite vergaben. Banken spielten eine immer wichtigere Rolle bei der Finanzierung von Investitionen in die Industrie und bei der Bereitstellung von Kapital für Unternehmen. Die Entwicklung von Kreditinstrumenten wie Wechseln, Schecks und später Banknoten erleichterte den Handel und den Finanzverkehr.

Die Auswirkungen auf die Arbeitswelt und die soziale Struktur

Die industrielle Revolution veränderte nicht nur die Art und Weise, wie Waren produziert wurden, sondern auch die soziale Struktur der Gesellschaft. Die Einführung von Fabriken und Maschinenarbeit führte zu einer Urbanisierung der Bevölkerung und zu neuen Arbeitsverhältnissen. Dies hatte Auswirkungen auf das Einkommen, den Konsum und die Sparquote der Menschen und beeinflusste somit auch die Nutzung und den Wert von Geld.

Ein Blick in die Zukunft

Die industrielle Revolution legte den Grundstein für die moderne Wirtschaft und prägte das Geldwesen nachhaltig. Ihre Auswirkungen auf das Geldwesen sind bis heute spürbar und erinnern uns daran, wie eng die Entwicklung von Wirtschaft und Geld miteinander verbunden sind. In einer zunehmend digitalen und globalisierten Welt werden die Auswirkungen der industriellen Revolution weiterhin sichtbar sein und die Zukunft des Geldwesens beeinflussen.

Die Rolle von Krediten und Schulden in der modernen Wirtschaft

Die moderne Wirtschaft ist in hohem Maße von Krediten und Schulden geprägt, die eine zentrale Rolle bei der Finanzierung von Investitionen, Konsum und wirtschaftlichem Wachstum spielen. Dieses Kapitel untersucht die Bedeutung von Krediten und Schulden in der modernen Wirtschaft und wie sie das wirtschaftliche Gefüge beeinflussen.

Die Bedeutung von Krediten für Investitionen und Konsum

Kredite spielen eine entscheidende Rolle bei der Finanzierung von Investitionen in Unternehmen, Infrastruktur und Innovationen. Sie ermöglichen es Unternehmen, Kapital zu beschaffen, um ihre Geschäftstätigkeit auszuweiten und zu modernisieren. Darüber hinaus sind Kredite ein wichtiges Instrument für den Konsum, indem sie es Einzelpersonen ermöglichen, größere Anschaffungen wie Häuser, Autos und Bildung zu finanzieren.

Die Funktionsweise des Kreditsystems

Das Kreditsystem basiert auf dem Prinzip der Kreditvergabe durch Banken und andere Finanzinstitutionen. Banken nehmen Einlagen von Sparern entgegen und vergeben Kredite an Kreditnehmer, wobei sie Zinsen als Gegenleistung für die Nutzung des Kapitals berechnen. Dieser Prozess der Kreditvergabe und Rückzahlung trägt zur Geldschöpfung und zum Funktionieren der Wirtschaft bei.

Die Auswirkungen von Schulden auf die Wirtschaft

Schulden können sowohl positive als auch negative Auswirkungen auf die Wirtschaft haben. Auf der einen Seite ermöglichen sie Investitionen und Konsum, die das Wirtschaftswachstum fördern können. Auf der anderen Seite können hohe Schuldenstände die Stabilität der Wirtschaft gefährden und zu finanziellen Krisen führen, wie z.B. Bankenkrise oder Staatspleiten.

Die Rolle der Zentralbanken und der Geldpolitik

Zentralbanken spielen eine wichtige Rolle bei der Regulierung von Krediten und Schulden und bei der Stabilisierung der Wirtschaft. Sie setzen geldpolitische Instrumente wie Zinssätze und Geldmengensteuerung ein, um die Kreditvergabe zu steuern und die Inflation zu kontrollieren. Durch ihre Maßnahmen versuchen sie, ein Gleichgewicht zwischen Kreditvergabe und Preisstabilität zu erreichen.

Die Herausforderungen der Verschuldung in der modernen Wirtschaft

Trotz der Vorteile von Krediten und Schulden stehen moderne Wirtschaften auch vor Herausforderungen im Umgang mit Verschuldung. Übermäßige Verschuldung kann zu finanziellen Instabilitäten führen und die wirtschaftliche Entwicklung behindern. Daher ist eine verantwortungsvolle Kreditvergabe und Schuldenpolitik von entscheidender Bedeutung, um die langfristige Gesundheit der Wirtschaft zu gewährleisten.

Die Entstehung der Börse und des Aktienhandels

Die Entstehung der Börse und des Aktienhandels markiert einen bedeutenden Wendepunkt in der Geschichte des Geldwesens und der Kapitalmärkte. Dieses Kapitel untersucht die Entwicklung der Börse und des Aktienhandels und ihre Auswirkungen auf die Wirtschaft und die Art und Weise, wie Unternehmen Kapital beschaffen.

Die Anfänge des Aktienhandels

Der Ursprung des Aktienhandels lässt sich bis ins 17. Jahrhundert zurückverfolgen, als die ersten Handelsplätze für den Handel mit Wertpapieren entstanden. In Europa entwickelten sich zunächst informelle Märkte, auf denen Händler und Investoren Wertpapiere wie Staatsanleihen, Schuldverschreibungen und Handelsanteile handelten. Diese frühen Handelsplätze legten den Grundstein für die Entstehung der Börse als institutionalisiertem Handelsplatz für Wertpapiere.

Die Gründung der ersten Börsen

Die erste offizielle Börse entstand im Jahr 1602 in Amsterdam mit der Gründung der Vereinigten Ostindischen Kompanie (VOC). Die VOC gab als erstes Unternehmen Aktien aus, die öffentlich gehandelt wurden und Investoren die Möglichkeit boten, Anteile an dem Unternehmen zu erwerben. Dieses Modell der Aktiengesellschaft und des Aktienhandels wurde später von anderen europäischen Ländern übernommen, darunter England, Frankreich und Deutschland.

Die Entwicklung der Börseninfrastruktur

Mit der wachsenden Bedeutung des Aktienhandels entstanden spezialisierte Börsen, die über eine Infrastruktur für den Handel mit Wertpapieren verfügten. Dazu gehörten Handelsplätze, Börsengebäude, Handelssysteme und Regelwerke, die den Handel transparent und effizient gestalteten. Die Börse wurde zu einem zentralen Marktplatz für den Kauf und Verkauf von Aktien und anderen Wertpapieren.

Die Bedeutung des Aktienhandels für Unternehmen und Investoren

Der Aktienhandel ermöglichte es Unternehmen, Kapital von Investoren zu beschaffen, um ihre Geschäftstätigkeit auszuweiten und zu finanzieren. Für Investoren bot der Aktienhandel die Möglichkeit, ihr Vermögen zu diversifizieren und an den Erfolgen von Unternehmen teilzuhaben. Aktien wurden zu einem wichtigen Instrument der Geldanlage und des Vermögensaufbaus für Privatpersonen und institutionelle Anleger.

Die Herausforderungen und Chancen des Aktienhandels

Der Aktienhandel birgt sowohl Chancen als auch Risiken für Unternehmen und Investoren. Während Aktienunternehmen Zugang zu Kapital erhalten und ihr Wachstum finanzieren können, sind sie auch den Anforderungen und Erwartungen der Investoren ausgesetzt. Für Investoren bietet der Aktienhandel die Möglichkeit, Renditen zu erzielen, birgt jedoch auch das Risiko von Verlusten bei fallenden Kursen.

Die Auswirkungen von Kriegen und Krisen auf das Geldsystem

Kriege und Krisen haben seit jeher tiefgreifende Auswirkungen auf das Geldsystem und die Wirtschaft. Dieses Kapitel erkundet die komplexen Zusammenhänge zwischen Kriegen, Krisen und dem Geldwesen und wie sie das Finanzsystem beeinflussen.

Die Rolle von Kriegen in der Geschichte des Geldes

Kriege haben historisch gesehen erhebliche Auswirkungen auf das Geldwesen gehabt. In Kriegszeiten wurde das Geldwesen oft destabilisiert, da Regierungen große Summen für Kriegsführung ausgaben und neue Finanzierungsmechanismen einführten, wie z.B. die Ausgabe von Kriegsanleihen und die Erhöhung der Staatsverschuldung. Gleichzeitig führten Kriege oft zu wirtschaftlicher Unsicherheit und einem Rückgang des Handels, was die Geldwirtschaft belastete.

Die Auswirkungen von Kriegen auf Währungen

Kriege können auch direkte Auswirkungen auf Währungen haben, indem sie zu Wechselkursschwankungen und zur Entwertung von Währungen führen. In Kriegszeiten werden oft drastische Maßnahmen ergriffen, um die Finanzierung der Kriegsanstrengungen sicherzustellen, wie z.B. die Ausgabe von

Fiat-Geld (→ *Fiatgeld*), das keine Deckung durch Edelmetalle hat, oder die Einführung von Devisenkontrollen und Kapitalverkehrseinschränkungen.

Die Rolle von Krisen in der Finanzgeschichte

Finanzkrisen sind ein wiederkehrendes Phänomen in der Geschichte des Geldwesens und der Wirtschaft. Sie können durch verschiedene Faktoren ausgelöst werden, wie z.B. übermäßige Verschuldung, Spekulation, Bankenpaniken oder externe Schocks wie Kriege oder Naturkatastrophen. Finanzkrisen führen oft zu einer Vertrauenskrise im Finanzsystem und können zu Bankzusammenbrüchen, Wirtschaftsrezessionen und sozialen Unruhen führen.

Die Bewältigung von Kriegen und Krisen im Geldwesen

Regierungen und Zentralbanken haben verschiedene Instrumente zur Bewältigung von Kriegen und Krisen im Geldwesen zur Verfügung. Dazu gehören geldpolitische Maßnahmen wie Zinssenkungen, quantitative Lockerung und staatliche Interventionen wie Konjunkturprogramme und Bankenrettungen. In Kriegszeiten können auch spezielle Finanzierungsinstrumente wie Kriegsanleihen, Kriegsanleihen und Kriegsanleihen eingesetzt werden, um die Kriegsanstrengungen zu finanzieren.

Die langfristigen Auswirkungen von Kriegen und Krisen auf das Geldwesen

Kriege und Krisen können langfristige Auswirkungen auf das Geldwesen und die Wirtschaft haben, indem sie das Vertrauen der Menschen in das Finanzsystem untergraben, die Staatsverschuldung erhöhen und die wirtschaftliche Entwicklung behindern. Sie können auch zu tiefgreifenden Veränderungen im Geldwesen führen, wie z.B. der Einführung neuer Währungen, der Reform des Finanzsystems oder der Stärkung der Regulierung und Überwachung des Finanzsektors.

Die Globalisierung und die Entwicklung des elektronischen Zahlungsverkehrs

Die Globalisierung hat die Weltwirtschaft in den letzten Jahrzehnten maßgeblich geprägt und den elektronischen Zahlungsverkehr revolutioniert. In diesem Kapitel werfen wir einen Blick auf die Entstehung der Globalisierung und wie sie die Entwicklung des elektronischen Zahlungsverkehrs vorangetrieben hat.

Die Globalisierung und ihre Auswirkungen auf den Zahlungsverkehr

Die Globalisierung bezeichnet den Prozess der zunehmenden Verflechtung von Wirtschaft, Politik und Kultur auf globaler Ebene. Durch die Globalisierung wurden die Grenzen für den Handel, die Kommunikation und den Finanzverkehr geöffnet, was zu einem exponentiellen Anstieg des grenzüberschreitenden Handels und Kapitalflusses führte. Dies wiederum schuf die Notwendigkeit für effiziente und sichere Zahlungssysteme, um den globalen Handel abzuwickeln.

Die Entwicklung des elektronischen Zahlungsverkehrs

Der elektronische Zahlungsverkehr hat sich im Zuge der Globalisierung rapide weiterentwickelt. Früher waren Zahlungen hauptsächlich bar oder per Scheck möglich, was zeitaufwendig und umständlich war. Mit dem Aufkommen des Internets und der digitalen Technologien wurden elektronische Zahlungsmethoden wie Kreditkarten, Online-Banking, E-Wallets und mobile Zahlungsapps eingeführt, die es ermöglichen, Zahlungen schnell, einfach und sicher abzuwickeln.

Die Bedeutung von elektronischen Zahlungssystemen in der globalen Wirtschaft

Elektronische Zahlungssysteme spielen eine zunehmend wichtige Rolle in der globalen Wirtschaft, da sie den grenzüberschreitenden Handel erleichtern und die Effizienz des Zahlungsverkehrs verbessern. Sie ermöglichen es Unternehmen, schnell und kostengünstig Zahlungen zu tätigen und zu empfangen, unabhängig von ihrem Standort. Dies hat dazu beigetragen, die Globalisierung voranzutreiben und die Integration der Weltwirtschaft zu vertiefen.

Die Herausforderungen und Chancen des elektronischen Zahlungsverkehrs

Obwohl elektronische Zahlungssysteme viele Vorteile bieten, stehen sie auch vor Herausforderungen wie Datenschutz- und Sicherheitsbedenken, Regulierungsfragen und technischen Schwierigkeiten. Dennoch bieten sie auch Chancen für Innovationen im Finanzbereich, wie z.B. die Einführung von Kryptowährungen und Blockchain-Technologie, die das Potenzial haben, den Zahlungsverkehr weiter zu revolutionieren.

Die Zukunft des elektronischen Zahlungsverkehrs in einer globalisierten Welt

In einer zunehmend vernetzten und digitalisierten Welt wird der elektronische Zahlungsverkehr weiter an Bedeutung gewinnen. Zukünftige Entwicklungen wie die Nutzung von künstlicher Intelligenz, Big Data und Internet der Dinge werden den Zahlungsverkehr noch schneller, sicherer und effizienter gestalten. Gleichzeitig werden Regulierungsbehörden und Unternehmen bestrebt sein, die Sicherheit und Integrität des Zahlungsverkehrs zu gewährleisten, um das Vertrauen der Verbraucher und Unternehmen zu erhalten.

Die Zukunft des Geldes: Kryptowährungen und alternative Zahlungsmethoden

Die Welt des Geldes befindet sich in einem stetigen Wandel, und in den letzten Jahren haben Kryptowährungen und alternative Zahlungsmethoden zunehmend an Bedeutung gewonnen. Dieses Kapitel wirft einen Blick auf die Zukunft des Geldes und untersucht die Rolle von Kryptowährungen und anderen alternativen Zahlungsmethoden in einer sich verändernden Finanzlandschaft.

Die Aufstieg der Kryptowährungen

Kryptowährungen wie Bitcoin, Ethereum und Ripple haben in den letzten Jahren erheblich an Popularität gewonnen. Diese digitalen Währungen basieren auf Blockchain-Technologie und bieten eine dezentralisierte und transparente Methode für den Austausch von Werten. Ihr Aufstieg hat das Potenzial, das traditionelle Finanzsystem zu revolutionieren, indem sie schnelle, kostengünstige und grenzüberschreitende Transaktionen ermöglichen, ohne dass eine zentrale Autorität erforderlich ist.

Die Technologie hinter Kryptowährungen

Blockchain-Technologie, die das Rückgrat von Kryptowährungen bildet, hat das Potenzial, verschiedene Branchen zu transformieren, nicht nur das Finanzwesen. Blockchain ermöglicht es, Transaktionen sicher und transparent zu verfolgen, Daten manipulationssicher zu speichern und Vertrauen zwischen den Parteien zu schaffen, ohne dass ein Vermittler benötigt wird. Diese Technologie könnte dazu beitragen, Effizienz, Transparenz und Sicherheit im Finanzsystem zu verbessern.

Die Herausforderungen und Chancen von Kryptowährungen

Trotz ihres Potenzials stehen Kryptowährungen vor verschiedenen Herausforderungen, darunter regulatorische Unsicherheit, Sicherheitsbedenken, Skalierungsprobleme und Volatilität. Dennoch bieten sie auch Chancen für Innovationen im Finanzbereich, wie z.B. die Schaffung neuer Finanzprodukte und -dienstleistungen, die Förderung der Finanzinklusion und die Demokratisierung des Zugangs zu Finanzmärkten.

Alternative Zahlungsmethoden und Finanzdienstleistungen

Neben Kryptowährungen gibt es eine Vielzahl von alternativen Zahlungsmethoden und Finanzdienstleistungen, die darauf abzielen, traditionelle Bankdienstleistungen zu ergänzen oder zu ersetzen. Dazu gehören mobile Zahlungsapps, Peer-to-Peer-Zahlungsplattformen, digitale Wallets und Open Banking-Plattformen. Diese alternativen Zahlungsmethoden bieten

Verbrauchern und Unternehmen mehr Flexibilität, Bequemlichkeit und niedrigere Transaktionskosten.

Die Zukunft des Geldes

Die Zukunft des Geldes wird von einer zunehmenden Digitalisierung und Vernetzung geprägt sein, die es ermöglicht, Geld schnell, sicher und nahtlos über verschiedene Kanäle und Plattformen hinweg zu bewegen. Kryptowährungen und alternative Zahlungsmethoden werden eine immer wichtigere Rolle spielen und das traditionelle Finanzsystem herausfordern, indem sie neue Möglichkeiten für den Zugang zu Finanzdienstleistungen und die Gestaltung der globalen Wirtschaft eröffnen.

Geldfälschung

Bereits vor dem Erscheinen der ersten Münzen wurde gefälscht. Der vor dem Gebrauch von Münzen übliche Einsatz von Silber wurde durch einen Garantiestempel gewährleistet. Beides wurde gefälscht.

Seit des Erscheinens der ersten Münzen wurde das Fälschen ständig verbessert. Wer sich zuvor schon mit der Herstellung von Münzen beschäftigte, wusste, worauf es beim Fälschen ankam und stellte sein Wissen gegen allerbeste Bezahlung zur Verfügung. Billige Metalle wurden mit Gold beschichtet und wogen daher weniger, doch im täglichen Gebrauch fiel es nicht so schnell auf. Wenn es dann aufgefallen war, konnte dem Händler sehr oft nicht nachgewiesen werden, dass er auch der Hersteller des Falschgelds ist.

Mit der flächendeckenden Einführung von Banknoten unterschiedlicher Währungen, begann das Fälschen von Geldscheinen, denn das schien erheblich lukrativer zu sein. Gleichsam begann eine Art Wettrennen. Die vermeintliche Fälschungssicherheit der Banknoten entpuppte sich stets als ›nicht fälschungssicher‹. Die Findigkeit der Fälscher stand somit in ständiger Konkurrenz mit der Beschaffenheit der Banknoten.

Wenn heute ein neues Feature in die Geldscheine eingebracht wurde, hatten es die Fälscher bereits am darauffolgenden Tag übernommen.

Die größte Hürde entpuppte sich jedoch auf das Inumlaufbringen oder einer Inaugenscheinnahme jener Person, welche die Geldscheine entgegennimmt. Häufig trifft hier Fälschung auf Unaufmerksamkeit.

Wem gehört das Geld?

Das sich in Umlauf befindliche Geld ... wem gehört es? Niemandem? Dem, der es gerade besitzt? Vielleicht der EZB (**E**uropäische **Z**entral**b**ank)?

Jeder besitzt eine unbestimmte Menge Geld und geht täglich und individuell damit um. Ist das erlaubt? Darf man das? Es wird zu allen möglichen Zwecken verwendet, ohne vorher eine eventuelle Verantwortlichkeit bzw. Zuständigkeit zu kontaktieren, die diesen Vorgang genehmigt, legalisiert oder gar justifiziert.

Ist das statthaft?

Ja! Es ist gesetzlich geregelt. Das Geld gehört dem, in dessen Besitz es sich im Augenblick befindet. Würde ein Geldschein im Kreis mehrerer Personen den Besitzer im Sekundentakt wechseln, gehörte es im Moment der Erlangung der jeweiligen Person, wenn auch bloß für die Dauer einer Sekunde bzw. geringer.

Schriftliche Vereinbarungen, Verträge oder andere Beglaubigungen sind in diesem Fall nicht erforderlich, zumal die Geldübergabe bzw. die Entgegennahme in einer solchen oder ähnlichen Situation unter Zeugen stattfindet.

Das sich auf einem Konto (→ Girokonto, Festgeldkonto, etc.) befindende Geld gehört demnach der jeweils verwaltenden Bank. Erst nach einer möglichen Abhebung, geht es in den Besitz eines anderen Eigentümers über.

Geldähnliche Münzen

Die sowohl runde als auch flache Form einer Münze setzte sich nicht nur im Besitzstand bzw. im Güter- und Warenhandel durch, sondern darüber hinaus auch als Pfand- oder Wertmarke.

Selbst die auch als Chip bekannten Jetons im Glücksspiel besitzen diese Form. Auch Variationen mit 6, 8 oder einer anderen Anzahl von Ecken, befinden sich in Umlauf. Hinweisgebend ist in diesem Fall der Aufdruck auf einer der beiden Seiten, der den Wert des jeweiligen Jetons anzeigt.

Die Rückseite und/oder die Randtexte geben Auskunft über die Herkunft, denn nur dort besitzen diese Chips Gültigkeit. Jetons stellen einen vollwertigen Ersatz für Bargeld dar und sind, aufgrund ihrer Beschaffenheit (Kunststoff), nicht sonderlich gewichtig.

Als Motiv für die Benutzung von diesen Anrechtsmünzen standen psychologische Erwägungen Pate, zumal sich der Spieler nicht von eigenem Geld trennt, sondern bloß von Plastik.

Eine weitere Variante der Münze ohne Bezahlfunktion ist die Medaille. Sie erscheint als Auszeichnung, Belohnung, Belobigung oder als Trophäe auch in Form einer Plakette. Sie besitzt eine kennzeichnende Funktion und kann auch als Orden erscheinen. Medaillen erinnern bspw. an eine überragende sportliche Leistung oder gedenken eines Datums, einer Person oder eines Ereignisses.

Über den Autor

Lutz Spilker wurde im Jahre 1955 in Duisburg geboren.

Bevor er zum Schreiben von Romanen und Dokumentationen fand, verließen bisher unzählige Kurzgeschichten, Kolumnen und Versdichtungen seine Feder.

In seinen Büchern befasst er sich vorrangig mit dem menschlichen Bewusstsein und der damit verbundenen Wahrnehmung. Seine Grenzen sind nicht die, welche mit der Endlichkeit des Denkens, des Handelns und des Lebens begrenzt werden, sondern jene, die der empirischen Denkform noch nicht unterliegen.

Es sind die Möglichkeiten des Machbaren, die Dinge, welche sich allein in der Vorstellung eines jeden Menschen darstellen und aufgrund der Flüchtigkeit des Geistes unbewiesen bleiben. Die Erkenntnis besitzt ihre Gültigkeit lediglich bis zur Erlangung einer neuen und die passiert zu jeder weiteren Sekunde.

Die Welt von Lutz Spilker beginnt dort, wo zu Beginn allen Seins nichts Fassbares war, als leerer Raum. Kein Vorne, kein Hinten, kein Oben und kein Unten. Kein Glaube, kein Wissen, keine Moral, keine Gesetze und keine Grenzen. Nichts.

In Lutz Spilkers Romanen passieren heimtückische Morde ebenso wie die Zauber eines Märchens. Seine Bücher sind oftmals Thriller, Krimi, Abenteuer, Science Fiction, Fantasy und selbst Love-Story in einem.

»Ich liebe die Sprache: Sie vermag zu streicheln, zu liebkosen und zu Tränen zu rühren. Doch sie kann ebenso stachelig sein, wie der Dorn einer Rose und mit nur einem Hieb zerschmettern.«

Glossar

Bank: Das Wort 'Bank' leitete sich vom italienischen Wort ›Banchi‹ ab. Gemeint waren damit die Bänke, auf denen Geldwechsler im mittelalterlichen Italien ihre Geschäfte abwickelten. Die ersten Banken entstanden somit im Mittelalter des 11. Jahrhunderts in Italien. Ebenfalls entstanden dort auch Begriffe wie Skonto, Saldo oder (→) Giro.

Darlehen: Schuldrechtlicher Vertrag, durch den einem Darlehensnehmer Geld oder vertretbare Dinge für die Dauer einer festgelegten Zeit zum Gebrauch überlassen werden. Für diese Leistung berechnet der Darlehensgeber einen bestimmten Zinssatz (→ *Zinsen*).

Fiatgeld: Das moderne Fiat-Geldsystem ermöglicht es Zentralbanken, die Geldmenge zu erweitern oder zu verringern, um wirtschaftliche Stabilität zu fördern und die Inflation zu kontrollieren. Fiat-Geld ist flexibel und anpassungsfähig, was es zu einem grundlegenden Element der globalen Finanzsysteme macht.

Giro, Girokonto: Das Wort 'Giro' stammt aus der italienischen Sprache und bedeutet so viel wie ›Kreis‹ oder ›Umlauf‹.

Das Girokonto ist ein reguläres (→) Kontokorrentkonto. Gesetzlich wird es als Sicht- bzw. Zahlungskonto bezeichnet und ist ein, von allen Geldinstituten angebotenes Personenkonto, das der Abwicklung des Zahlungsverkehrs dient.

Hypothek: Das Pfandrecht. Bspw. an der Immobilie. Mit diesem wird das (→) Darlehen, das für Bau oder Kauf einer Immobilie verwendet wird, welches durch die Immobilie selbst abgesichert ist.

Konto, Kontokorrentkonto: Ein Kontokorrentkonto ist ein Bankkonto (→ *Girokonto, Gehaltskonto*), über das jederzeit Einzahlungen, Abhebungen, Schecks und Überweisung verfügt werden können.

Kredit: Die Verleihung von Geld von einem Kreditgeber an einen Kreditnehmer zu gewissen Konditionen. Das Geld wird – normalerweise zu vorher festgelegten Konditionen – an einem späteren Zeitpunkt zzgl. Eines bestimmten Zinssatzes (→ *Zinsen*) zurückgezahlt.

Muschelgeld versteht sich als Sammelbegriff für sogenannte ›Primitivgelder‹, worunter auch die Bezeichnung ›Molluskengelder‹ fällt. Noch immer befinden sich derartige Zahlmittel in Gebrauch. Vorrangig werden diese Zahlungsmittel von indigenen Völkern, vor allem in Afrika, Asien, Amerika und dem Südpazifik genutzt. Nicht selten werden sie an Schnüren aufgereiht, um sie parat zu haben. Der Wert misst sich an der jeweiligen Länge einer Schnur. Die Schnur stellt somit eine Art (→) Konto dar.

Scheck: (Bankscheck, Euroscheck, Check, Cheque): Ein Scheck ist ein besonderes Formular oder Wertpapier. Gleichsam wird die Bank des Scheckausstellers dadurch angewiesen, einen bestimmten Geldbetrag zu einem bestimmten Datum an den Schecknehmer zu zahlen.

Scheffel: Der Scheffel, auch Schaff, Schäffel, ist ein altes Raummaß, das zur Messung von Schüttgütern (z. B. Getreide) benutzt wurde und deshalb auch Getreidemaß genannt wurde. In Westfalen wurde der Scheffel auch zum Messen von Steinkohle verwendet. Die Größe eines Scheffels war sehr unterschiedlich, nach einer Tabelle zwischen 17,38 und 310,25 Liter. Weiterhin bezeichnet ein Scheffel (Landes) eine alte landwirtschaftliche Flächeneinheit.

Schuldknechtschaft: Die Schuldknechtschaft ist die Rechtsstellung oder Situation eines zahlungsunfähigen Schuldners, der dadurch in Knechtschaft geraten ist. Als Sicherheit gegenüber dem Gläubiger muss er seine Arbeitskraft verpfänden, wobei er aber kaum Aussicht hat, durch die geleisteten Arbeiten seine Schuld abzutragen, um dadurch Freiheit zu erlangen.

Transferieren: Einen beliebigen Geldbetrag national oder international überweisen.

Zehnt / Zehent: Der Begriff Zehnt, Zehent, Zehnter, Zehend, der Zehnte oder Dezem bezeichnet eine etwa zehnprozentige Steuer in Form von Geld oder Naturalien an eine geistliche oder eine weltliche Institution. Im Gegenzug dazu durfte das Land des Eigners genutzt werden. Dem steht in der heutigen Zeit die Pacht gegenüber.

Zins / Zinsen: (1) Preis für die Überlassung von Kapital bzw. Geld. In diesem Sinn werden auch Mieten und Pacht gelegentlich als Zinsen angesehen.

(2a) Aktiv- oder Sollzinsen: Zinsen, welche die Bank erhält, also dem Kunden zu Lasten gelegt werden.

(2b) Passiv- oder Habenzinsen: Zinsen, die die Bank für die Einlagen an die Kunden zu vergüten hat.

In dieser Reihe sind bisher erschienen

Die Erfindung der Langeweile
Die Erfindung des Menschen
Die Erfindung des Geldes
Die Erfindung des Teufels
Die Erfindung des Erfolgs
Die Erfindung der Sterblichkeit
Die Erfindung der Lüge
Die Erfindung der Freiheit
Die Erfindung des Todes
Die Erfindung der Welt
Die Erfindung des Inselmenschen
Die Erfindung der Zeit
Die Erfindung der Seele
Die Erfindung der Politik
Die Erfindung des Gewissens
Die Erfindung der Religion
Die Erfindung der Schuld
Die Erfindung der Gerechtigkeit
Die Erfindung des Friedens
Die Erfindung des Selbstgesprächs
Die Erfindung der Zukunft
Die Erfindung der Pornographie
Die Erfindung der Verschwendung
Die Erfindung des Erwachsenseins
Die Erfindung der Hölle
Die Erfindung der Überbevölkerung
Die Erfindung des Himmels
Die Erfindung der Monarchie
Die Erfindung der Unterhaltung

Die Erfindung der Sprache
Die Erfindung der Musik
Die Erfindung der Wiedergeburt
Die Erfindung des Zufalls
Die Erfindung der Namen
Die Erfindung des Bewusstseins
Die Erfindung des freien Willens
Die Erfindung des Wahrsagens
Die Erfindung der Körpersprache
Die Erfindung des Schlafs
Die Erfindung der Sklaverei
Die Erfindung der Angst
Die Erfindung der Vernunft
Die Erfindung des Vollmonds
Die Erfindung des Vitamin B
Die Erfindung des Make-Up
Die Erfindung des Weihnachtsfestes
Die Erfindung des Ku-Klux-Klan
Die Erfindung des Träumens
Die Erfindung der Flaschenpost
Die Erfindung der Mafia
Die Erfindung der politischen Parteien
Die Erfindung der Freimaurer
Die Erfindung der Freibeuter
Die Erfindung der Raumfahrt
Die Erfindung der Tempelritter
Die Erfindung des ADHS-Syndroms
Die Erfindung der Homöopathie
Die Erfindung der Freizeitparks
Die Erfindung des Werwolfs
Die Erfindung des Astralkörpers
Die Erfindung des Zölibats
Die Erfindung des Herkules
Die Erfindung des Vampirs

Die Erfindung der Philosophie
Die Erfindung des Bieres
Die Erfindung der Geister
Die Erfindung des Ungeheuers von Loch Ness
Die Erfindung der Prä-Astronautik
Die Erfindung des Voodoo
Die Erfindung des Stierkampfs
Die Erfindung des Sinns des Lebens
Die Erfindung des Einhorns
Die Erfindung von Atlantis
Die Erfindung des Gähnens

Zeitfracht Medien GmbH
Ferdinand-Jühlke-Straße 7
99095 Erfurt, Deutschland
produktsicherheit@kolibri360.de